METAPHYSIK DER LANDSCHAFT

Andreas Bindl
Bildobjekte / Plastiken /
Zeichnungen

Herausgegeben von Wolfgang Jean Stock

DG Deutsche Gesellschaft für christliche Kunst

V	**Vorwort**
	Winfried Nerdinger, Walter Zahner
VI	**Essay**
	'Kein Trost in der Welt'
	Wolfgang Jean Stock
1	**Katalog**
87	**Biografie Andreas Bindl**
88	**Impressum**

Die DG Deutsche Gesellschaft für christliche Kunst und die Bayerische Akademie der Schönen Künste stellen erstmals gemeinsam einen Künstler aus: den bei München lebenden Bildhauer Andreas Bindl. Da die Häuser beider Institutionen nur wenige Gehminuten voneinander entfernt sind, bieten sie dem Publikum eine gute Gelegenheit zu sehen, was im Atelier eines herausragenden Künstlers unserer Zeit entstanden ist.

Andreas Bindl, geboren 1928 in Grünthal bei Rosenheim, studierte nach dem Zweiten Weltkrieg an der Münchner Kunstakademie bei Josef Henselmann Bildhauerei. Als freier Künstler arbeitete er anfangs für die Kirche. Später bewegte er sich in seinem Werk auf einzigartige Weise zwischen Malerei und Plastik. So waren etwa seine ‚Polsterbilder' der 1970er Jahre Objektkästen, deren abstraktes, sinnlichplastisches Flachrelief Landschaften und Innenräume evozierte. Gemälde im traditionellen Sinn gibt es von ihm nicht. Andreas Bindl verarbeitet die Realität in einer eigenen, poetisch verschlüsselten Bildwelt. Er sagt: „Kunst machen heißt für mich: auf Zustände und Befindlichkeiten reagieren." Und: „Ich versuche zu zeichnen, was man nicht sieht." Zentrale Themen seines Werks sind das Verhältnis von Mensch und Tier, von Mensch und Natur und – in den letzten Jahrzehnten verstärkt – die Grundfragen unserer Existenz: unser Verhältnis zu Leben und Tod. Viele seiner Arbeiten sind ungewohnt lapidar, schätzt Andreas Bindl doch die Ökonomie der einfachen gestalterischen Mittel. Er liebt das Helldunkel von Kreide und Kohle, Farbe setzt er höchst sparsam ein. Neben dem plastischen Gestalten ist die Zeichnung für ihn das wichtigste Ausdrucksmittel. Zusätzlich gibt es auch ein opulentes druckgraphisches Œuvre, das von uns bewusst ausgespart wurde, hätte es doch leicht eine dritte Ausstellung verdient.

Die Präsentation in der Galerie der DG konzentriert sich auf Arbeiten aus den letzten Jahren: Bildobjekte, Zeichnungen und kleinere Plastiken. Die Akademie zeigt auch frühere Objekte und Zeichnungen. Zentrum ihrer Ausstellung sind die monumentalen Skulpturen, die erst in den letzten Jahren entstanden sind. Trotz ihrer eindrucksvollen Größe sind diese farbig gefassten Arbeiten aus Aluminiumblech voller spielerischer Leichtigkeit und Poesie.

Andreas Bindl wurde 1988 zum ordentlichen Mitglied der Bayerischen Akademie der Schönen Künste gewählt. Die Akademie wie auch die DG, der er bereits seit 1956 als Mitglied angehört, gratulieren ihm mit ihren Ausstellungen zu seinem achtzigsten Geburtstag.

Beide Institutionen danken Andreas Bindl, der unermüdlich mit Rat und Tat bei Konzeption und Vorbereitung der Ausstellungen mitwirkte. Die Akademie dankt der Friedrich-Baur-Stiftung, Burgkunstadt, deren großzügige Unterstützung auch zur Finanzierung dieses Katalogs beigetragen hat. Die DG richtet ihren herzlichen Dank sowohl an das Bayerische Staatsministerium für Wissenschaft, Forschung und Kunst für die Förderung ihrer Ausstellung als auch an den Verein Ausstellungshaus für christliche Kunst, München, für die kontinuierliche Unterstützung ihrer Arbeit.

Winfried Nerdinger
Bayerische Akademie der Schönen Künste
Direktor der Abteilung Bildende Kunst

Walter Zahner
DG Deutsche Gesellschaft für christliche Kunst e.V.
1. Vorsitzender

Kein Trost in der Welt
Melancholie, Metapher, Mythos – zur Bildkunst von Andreas Bindl

Wolfgang Jean Stock

Im Herbst 1971, in seinem großartigen Tagebuch einer Reise nach Budapest, setzte sich der ostdeutsche Schriftsteller Franz Fühmann (1922–1984) auch mit zwei literarischen Formen auseinander, die damals in der DDR sehr geschätzt waren: Märchen und Mythos. Seine ausführliche Erörterung dieser Formen gipfelte in den Sätzen: „Das Märchen lehrt träumen; der Mythos lehrt leben. Das Märchen gibt Trost; der Mythos Erfahrung."[1] Diese Interpretation des Mythos umschreibt zu einem wesentlichen Teil den geistig-seelischen Raum, in dem die Kunst von Andreas Bindl bis heute entsteht.

Andreas Bindl wird am 20. August 1928 auf dem oberbayerischen Land zwischen Chiemgau und Inntal in eine bäuerliche Familie geboren, wenngleich der Vater ein kleines Einkommen als Angestellter bezieht und die Landwirtschaft im Nebenerwerb betreibt.[2] Es gibt ein paar Felder und Wiesen sowie einige Tiere, doch ist das Ganze „nicht mehr als ein Sachl", wie Bindl im Gespräch betont.[3] Nicht zuletzt, weil er das Schlachten von Tieren nur schwer erträgt, denkt er nicht daran, den landwirtschaftlichen Betrieb zu übernehmen. Der Besuch einer weiterführenden Schule im nahen Rosenheim ist jedoch „einfach nicht denkbar". 1946, nach dem Abschluss seiner Schreinerlehre, geht er an die Schnitzschule in Berchtesgaden, die ihm aber keine Perspektive vermittelt. Deshalb bewirbt er sich 1948 zum Studium der Bildhauerei an der Münchner Kunstakademie – und wird auf Anhieb genommen. Rückblickend ist Bindl für seine sechs Jahre an der Akademie „außerordentlich dankbar". In München fühlt er sich, trotz äußerst karger Lebensumstände, angeregt und aufgehoben. Hier beginnt auch der gemeinsame Weg mit seiner späteren Frau Marianne.

Beide stehen der reformkatholischen Bewegung nahe, dem *Quickborn*, dann auch der *K.J.M.*, der *Katholischen Jungen Mannschaft München*. Er hört regelmäßig die Vorlesungen von Romano Guardini. Bereits 1950 macht ihn sein Lehrer Josef Henselmann zum Meisterschüler.

Aufträge im sakralen Bereich

Nach dem Studium lässt sich Andreas Bindl auf eine Existenz als freischaffender Künstler in München ein. Die Auftragslage bleibt über viele Jahre hinweg schwierig. Lichtblicke sind vor allem Arbeiten, die er in Zusammenarbeit mit dem bedeutenden Augsburger Architekten Thomas Wechs für die katholische Kirche im sakralen Bereich ausführen kann. Ab 1957 entstehen Kontakte, ja sogar freundschaftliche Beziehungen zu Künstlern der Gruppe SPUR wie Lothar Fischer, Heimrad Prem und Helmut Sturm, mit den Bildhauerkollegen Fischer und Rudolf Wachter gibt es über lange Zeiträume hinweg immer wieder Begegnungen und fruchtbare Auseinandersetzungen. Neben seinen weiteren Auftragsarbeiten verfolgt er ein persönliches Ziel: den Neubau eines Hauses in Faistenhaar südöstlich von München. Dieses sympathisch schlichte Gebäude mit einem geschickt unter das Wohnhaus geschobenen Atelier entsteht 1969/70 nicht nur nach seinen Plänen, Bindl leistet auch den Ausbau der Räume und die Herstellung von Möbeln mit eigenen Händen. Heute fällt erst recht auf, wie reduziert viele Details sind, wie puristisch etwa die Deckenuntersichten aus Sichtbeton. Alles ist begründet, nichts ist zuviel – und eben deshalb hat gerade der Wohnraum eine besondere Atmosphäre. Weil das Atelier im Lauf der Zeit zu klein wird, lässt es Bindl 1990 zum Garten hin von

IX

dem befreundeten Architekten Stefan Wagner beispielhaft erweitern: durch ein luftig wirkendes Gehäuse mit filigraner Konstruktion und großen Glasflächen.

Der Hausbau, der ihn zwei Jahre lang beansprucht, wirkt sich in der Entwicklung von Andreas Bindl als die große Zäsur aus. Er entschließt sich, künftig überwiegend frei zu arbeiten – im Rückblick spricht er sogar von einem „Neuanfang". Er beginnt mit kleinformatigen Collagen, fast gleichzeitig folgen als erste Bildobjekte die *Polsterbilder* mit dem Ausgreifen flächiger Formen in den Raum. Konrad Oberländer hat sie wie folgt charakterisiert: „Es sind meist Landschaften, Interieurs, Stilleben oder Torsi, klassische Themen also. Es sind Bildkästen, in denen sich einige Partien aus der Ebene herauswölben, hinterfüttert, gepolstert und mit Stoff überzogen sind. Es dominieren das Weiß und der Stoff. Raum und Form werden durch das Schatten werfende Licht und durch einige sparsame graphische Elemente definiert, die meist mit Kreide oder Blei hinzugefügt sind."[4]

Mit der Welt überworfen

Diese damals neuen Arbeiten führen über eine Strecke von mehr als dreißig Jahren hin zu jenen neueren Werken, die in unserer Ausstellung zu sehen sind. Andreas Bindl ist nämlich ein Künstler, der im Wandel Kontinuität bewahrt. Er ist sich insofern treu geblieben, als die Medien von Bildobjekt und Zeichnung noch immer zwei Schwerpunkte seines Schaffens darstellen und die Grenzen zwischen dem zweidimensionalen Bild und der Skulptur fließend sind. Thematisch allerdings hat er sich seit den späten 1980er Jahren gesteigert, ja geradezu radikalisiert. Seine zuvor fast meditativen Szenen sind Darstellungen gewichen, die durch ein immer mehr erweitertes Ensemble von Figuren und Dingen gekennzeichnet werden. Neben Menschen, Tieren oder Zwitterwesen sind auch Bahren, Karren oder Kähne zu sehen. Befragt man Andreas Bindl nach den auslösenden Momenten für seine bewusst „verschlüsselten" Arbeiten, so antwortet er, dass es ihm in erster Linie um die Problematik der menschlichen Existenz gehe, und zwar in einem intensiven Bezug zur Gegenwart. Seine künstlerische Aufgabe sei es, dafür Metaphern zu finden. Diese sollen die Verhältnisse unter den Menschen bildhaft ausdrücken wie auch die Einwirkungen des Menschen auf die Natur: „Was ich mache, kommt daher, dass ich furchtbar überworfen bin mit dem, was auf der Welt passiert."[5] Deshalb ruft er auch immer wieder die uralten Erzählungen der Menschheit in Erinnerung, jene ebenso archaischen wie zeitlosen Mythen, mit denen die *Conditio humana* erklärt werden sollte. Er tut dies, so hat es Katrin Arrieta formuliert, um „geistige Räume zu öffnen, die nur jenseits eingefahrener Denkweisen wahrnehmbar werden."[6]

Im Kosmos von Bindls Bildwelt kommt dem Begriff der Landschaft eine entscheidende Rolle zu. Für ihn verbindet sich damit eine weite Vorstellung – sie reicht von innerer Befindlichkeit (etwa in Gestalt seines gezeichneten Tagebuchs) bis hin zum metaphysischen Raum. Im Gegensatz etwa zu Jürgen Partenheimer, der konkrete Landschaften im Schweizer Engadin unlängst metaphysisch ausgelegt hat,[7] ist für Bindl die Landschaft eine vor allem seelisch imaginierte Sphäre, eine von ihm frei erfundene Bühne, auf der er ein Gesche-

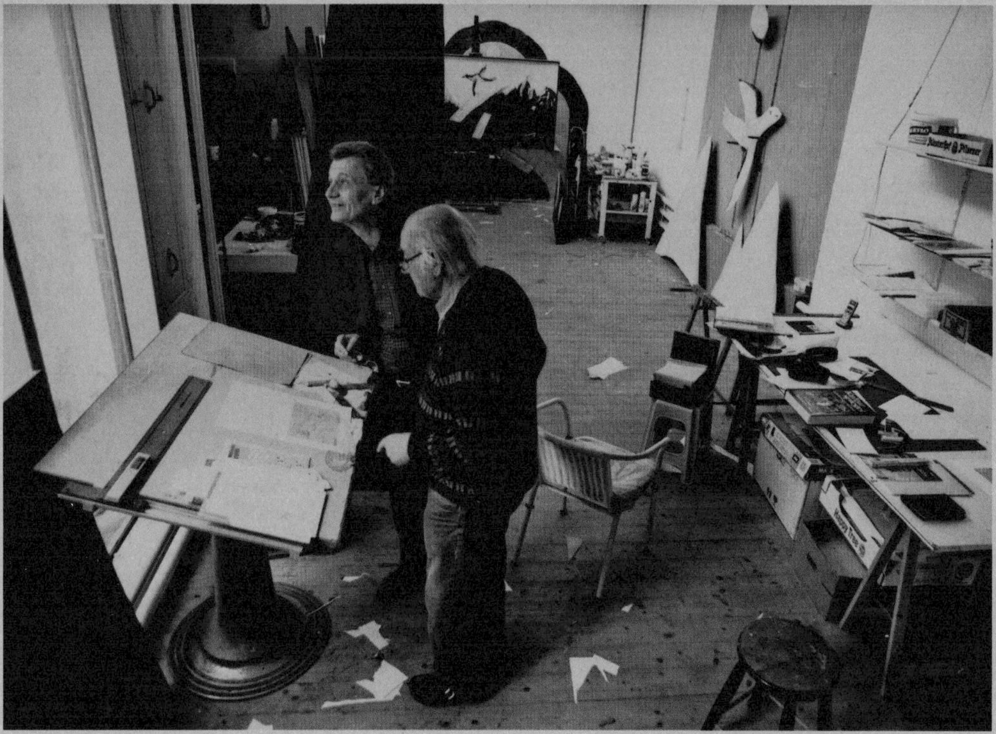

hen zeigt. Ihre Bedeutung ist so groß, dass Bindl sagt: „Landschaft ist alles". Und in seinen kontemplativen Zeichnungen scheinen Projektionen auf, wie man wieder heimisch werden könnte in der Welt. Das große künstlerische Vorbild für Landschaft ist Edvard Munch, von dem er gelernt habe, wie man solchen Räumen eine Gestalt gibt.

Das Leben verteidigen

Andreas Bindl ist ein tiefreligiöser Mensch. Geprägt durch das katholische Milieu, glaubt er an den Schöpfer als Urheber der Welt wie auch daran, „dass ER die Dinge wieder ins Lot bringen könnte". So verbindet er in seinem neueren Werk, in dem das zuvor dominante Weiß immer mehr einem düsteren Schwarz gewichen ist, die Anerkennung von Schmerz, Leid und Vergänglichkeit mit der Aussicht auf Hoffnung. „Es ist kein Trost in der Welt" steht auf einer Säule aus dem Jahr 2002. Als Triebfeder für diese Beschriftung gibt er seine melancholische Weltempfindung an. Hier teilt er das negative Geschichtsdenken der Moderne, wie es im Rahmen der *Frankfurter Schule* die Philosophen Theodor W. Adorno und Max Horkheimer ausgearbeitet haben: „Die Aufspreizung der instrumentellen Vernunft erscheint als Ursache einer zunehmenden Weltbeherrschung, an deren Ende die vollkommene Unterwerfung von innerer und äußerer Natur steht."[8] Auf der anderen Seite ist für Bindl die Melancholie eine Quelle von Inspiration. Gegen die unheilvollen Tendenzen, gegen die Beschädigungen von Mensch und Umwelt setzt er auf Zuversicht, wenn er sagt: „Ich verteidige das Leben."

Diese Ambivalenz des Weltgefühls spiegelt sich in seinen Metaphern. Es sind Bildzeichen, deren Bedeutung sogar konträr ausfallen kann. So mag der Vogel ein Bote des Todes oder des Frühlings sein, die Schlange wiederum für Gefahr oder für Fruchtbarkeit stehen. Somit macht es Bindl, der sich zu seinen Themen als Fragender verhält, dem Betrachter nicht leicht, weil er die Fragen an ihn weitergibt. Eben darauf kommt es ihm an: auf die „Offenheit für Interpretation", auf Bilderrätsel, die einer sprachlichen Auflösung nicht unmittelbar zugänglich sind. Was an Bindls Arbeiten aber auf Anhieb berührt, ist seine offenkundige Liebe zur Kreatur, deren häufig leidvolles Schicksal er künstlerisch zum Ausdruck bringt. Dabei ist neben Mensch, Tier und Pflanze auch die Erde selbst ein Lebewesen. Dies äußert sich besonders in den seit 2000 entstandenen Skulpturen, mit denen Bindl zur frei stehenden Plastik zurückgefunden hat und die seither einen dritten Schwerpunkt seiner Arbeit bilden. Die trotz seines hohen Alters eigenhändig aus Aluminiumblech genieteten Hohlkörper werden anschließend bemalt, um ihnen ein individuelles Gepräge zu geben. Meistens handelt es sich um *Berge*: einmal, weil sie formal faszinierende Gebilde darstellen, und zum anderen, weil sie – wie der Sinai oder der Olymp – als Orte der Transzendenz in unser Verständnis eingegangen sind.

Andreas Bindl ist aufgrund seiner Eigenständigkeit ein Künstler, für den keine Schublade offen steht. Momente des Expressionismus verbinden sich mit einer Handschrift, die auch vom Informel beeinflusst ist. Was seine Schöpfungen im Kern auszeichnet, ist eine poetische Kargheit. So einfach seine Mittel sind und so *unfarbig* seine Arbeiten, so intensiv sind seine Bild-Erfindungen. Wie nur selten stimmen hier Leben und Werk eines Künstlers derart stark überein. Ohne Pathos darf man sagen: Andreas Bindl ist ein lauterer Mensch.

1 Franz Fühmann: 22 Tage oder Die Hälfte des Lebens, Frankfurt am Main 1973, S. 221.
2 Einen Abriss von Leben und Werk gibt Konrad Oberländer in: Andreas Bindl – Arbeiten aus fünf Jahrzehnten, Augsburg 1999, S. 8 ff.
3 Wenn nicht anders angegeben, entstammen die wörtlichen Zitate einem Gespräch mit dem Autor am 3. August 2008.
4 Konrad Oberländer, siehe Anm. 2, S. 12.
5 Zitiert nach Christa Lichtenstern: Imagination und Wirklichkeit, in: Andreas Bindl im Kallmann-Museum Ismaning 2005, S. 4.
6 Katrin Arrieta: Das Weltgefühl des Andreas Bindl, in: Andreas Bindl: Figur – Natur, Dortmund (DASA-Galerie) 2002, S. 5.
7 Jürgen Partenheimer: Metaphysische Landschaft, Basel 2007.
8 Ludger Heidbrink: Melancholie und Moderne. Zur Kritik der historischen Verzweiflung, München 1994, S. 14.

Andreas Bindl und Wolfgang Jean Stock im Atelier in Faistenhaar, April 2008

Abbildungen 1—40

Katalog der Arbeiten

Ohne Titel (Weißes Fensterkreuz, Mann) / 27. 5. 1995 /
Kreide, Kohle / 56 × 41,5 cm

Ohne Titel (Rollstuhlfahrer) / 14. 7. 1998 / Kohle, Kreide / 59 × 42 cm

Ohne Titel (Fisch und Vogel nach oben gerichtet) / 4. 9. 1998 / Kohle, Kreide / 60 × 42 cm

Vogel / 2005 / Alublech, Farbe / 20 × 178 × 200 cm

Ohne Titel (Schiff im Nebel) / 17. 10. 1999 / Gouache / 54,5 × 40 cm

Ohne Titel (Anubis mit Burg und Fahne) / 5. 8. 2002 /
Kohle, Kreide / 50 × 70 cm

Säule (Es ist kein Trost in der Welt) / 2002 / Alublech, Gips, Farbe / 194 × 45 × 45 cm

Ohne Titel (Schiff mit großer Wolke) / 7. 11. 1997 / Kohle, Kreide / 42 × 53 cm

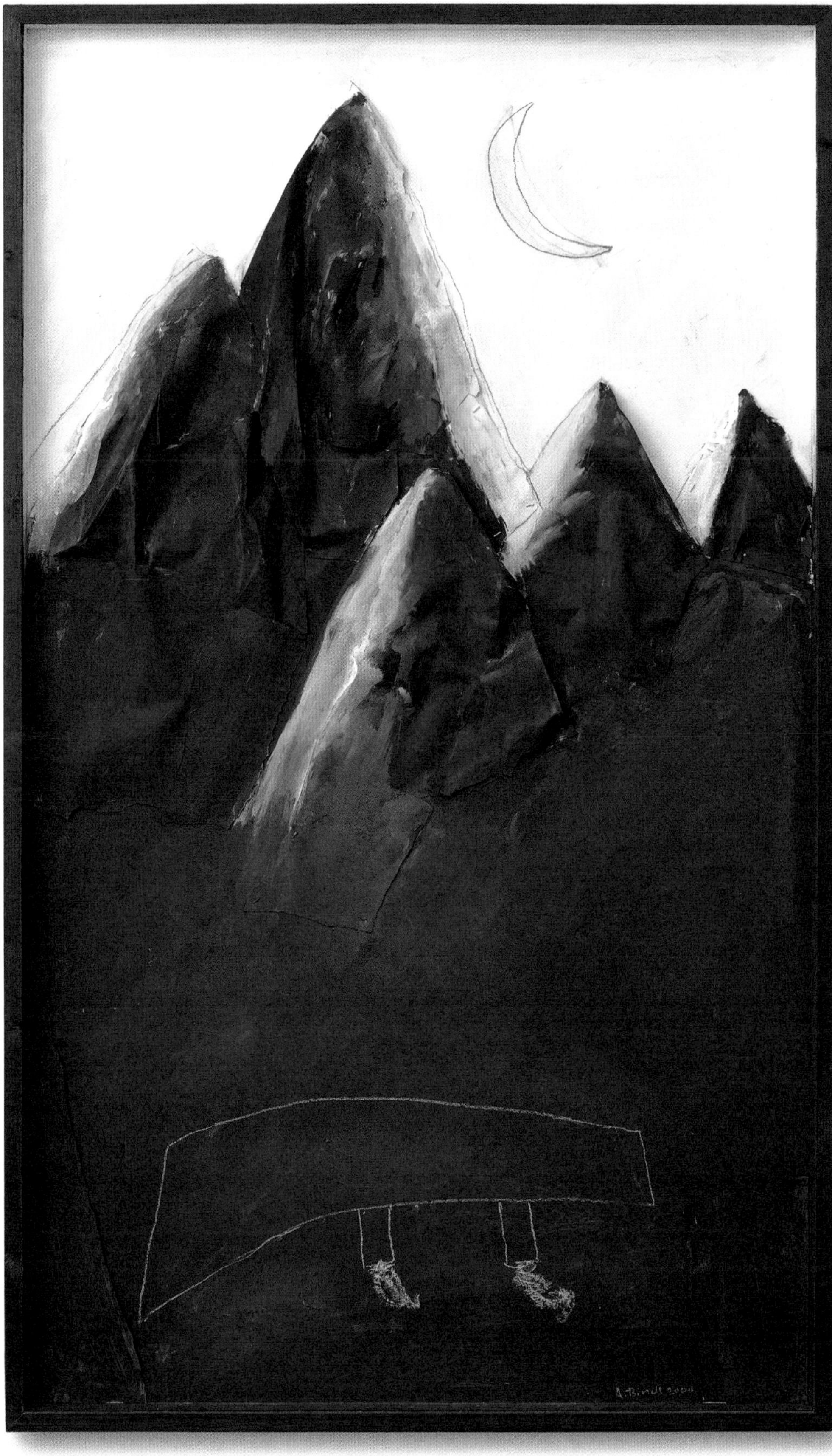

Berge mit gesunkenem Schiff / 2004 / Bildobjekt / 185 × 95 cm

Ohne Titel (Grab in den Bergen) / 12. 4. 2004 /
Kohle, Sprühfarbe / 42 × 59 cm

Berg mit Doppelspitze / 2007 / Alublech, Farbe / 272 × 114 × 30 cm

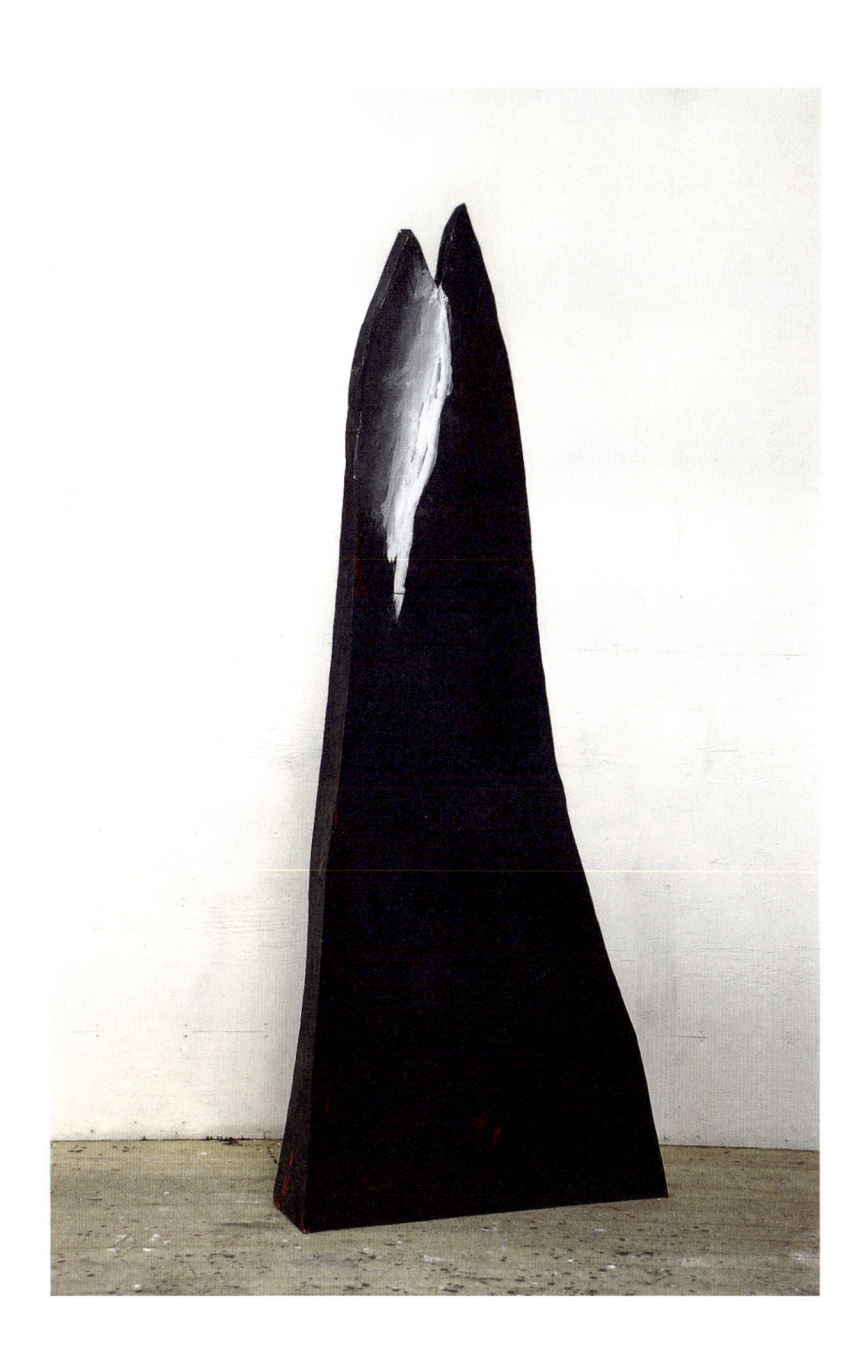

Ohne Titel (Berg, Zugang vermauert) / 3. 8. 2007 /
Gouache, Kohle / 59 × 42 cm

Ohne Titel (Boot vor Felsen) / 9. 8. 2007 / Gouache, Kohle / 59 × 42 cm

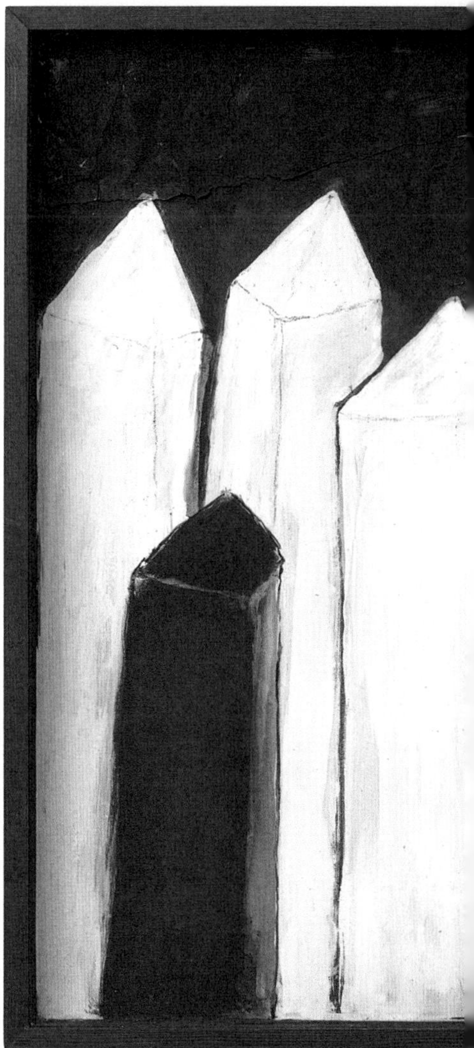

Türme und Berge / 2006 / Bildobjekt / 104 × 194 cm

Ohne Titel (Adam mit Stierkopf, Eva, Schlange) / 28. 10. 2007 / Kohle / 59 × 42 cm

Ohne Titel (Felsen, Wolke, Vogel) / 19. 4. 2006 / Gouache, Kohle / 42 × 59 cm

Zwei Türme / 2006 / Alublech, Farbe / 210 × 80 × 45 cm

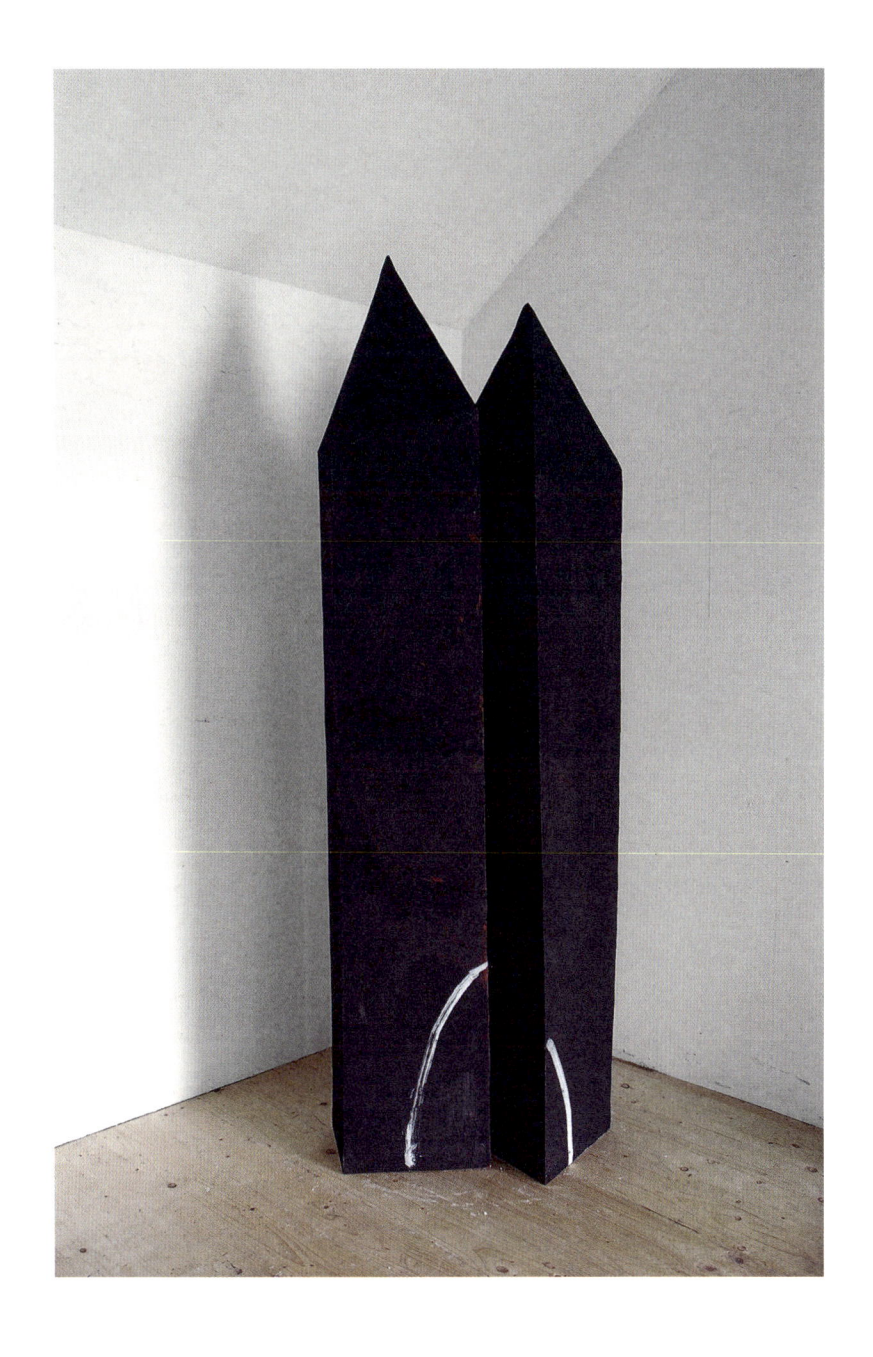

Ohne Titel (Drei Türme, zwei Schiffe) / 13. 8. 2006 /
Kohle, Gouache / 45,5 × 66,5 cm

Ohne Titel (Gebirge, Schiff unten) / 13. 6. 2002 /
Gouache, Kohle, Sprühfarbe / 50 × 70 cm

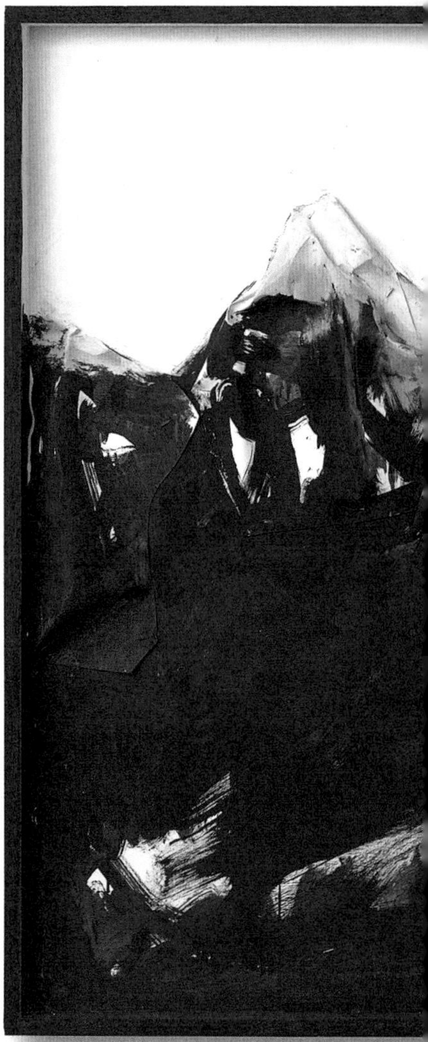

Taube und Sarg / 2008 / Bildobjekt / 104 × 194 cm

Ohne Titel (Berg, Fenster, Fische) / 10. 8. 2007 / Gouache, Kohle / 42 × 59 cm

Ohne Titel (Mauer, Gräber) / 6. 12. 2007 / Kohle / 42 × 57 cm

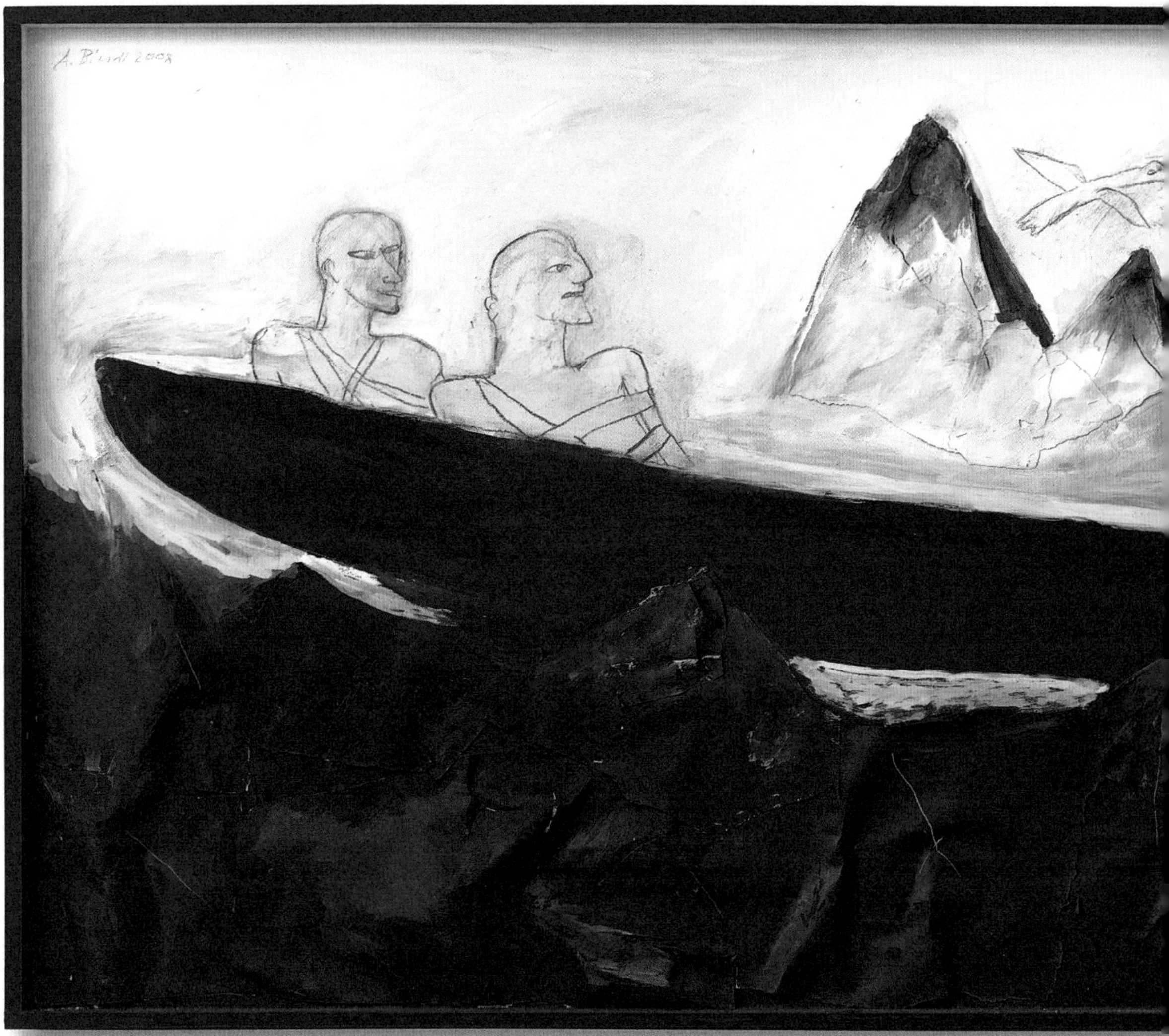

Zwei Männer im Boot / 2008 / Bildobjekt / 104 × 194 cm

Ohne Titel (Anubis und Mann im Boot) / 23. 5. 2008 /
Gouache, Kohle / 42 × 59 cm

Ohne Titel (Berge mit Mond) / 3. 5. 2008 / Gouache, Kohle / 70 × 50 cm

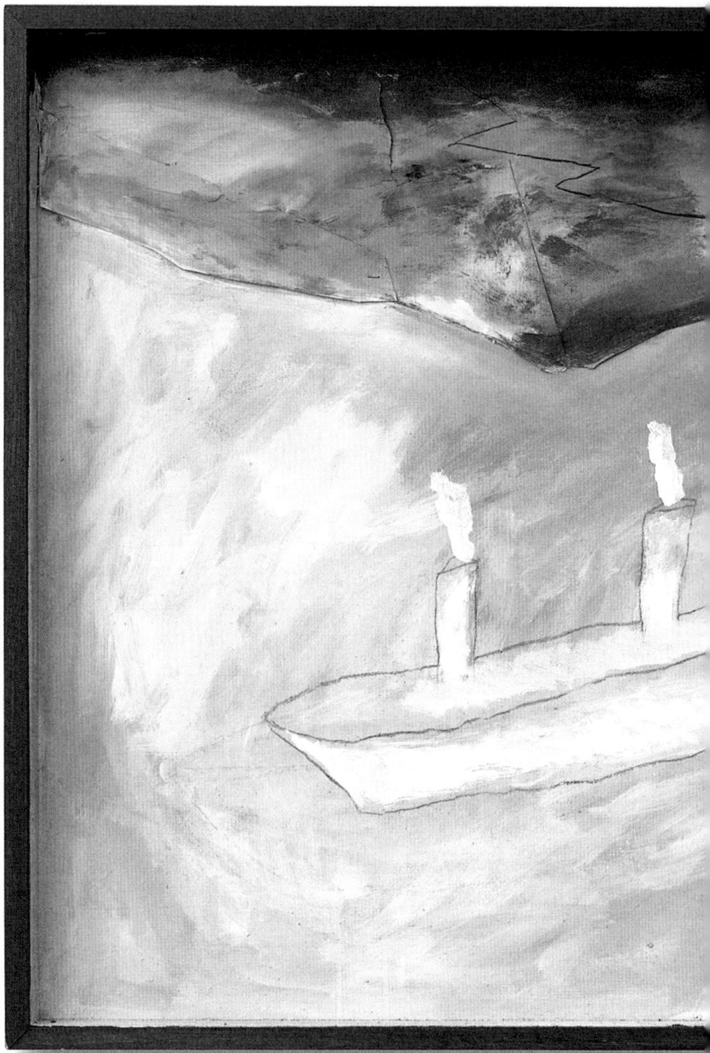

Berge mit Schiff / 2007 / Bildobjekt / 104 × 194 cm

Ohne Titel (Berg mit Kakteen und Wolke) / 6. 2. 2008 /
Gouache, Kohle / 42 × 59 cm

Ohne Titel (Zwei Felsen) / 30. 10. 2006 / Kohle, Sprühfarbe / 56,5 × 47 cm

Zwei Bergspitzen / 2003 / Alublech, Farbe / 220 × 140 × 70 cm

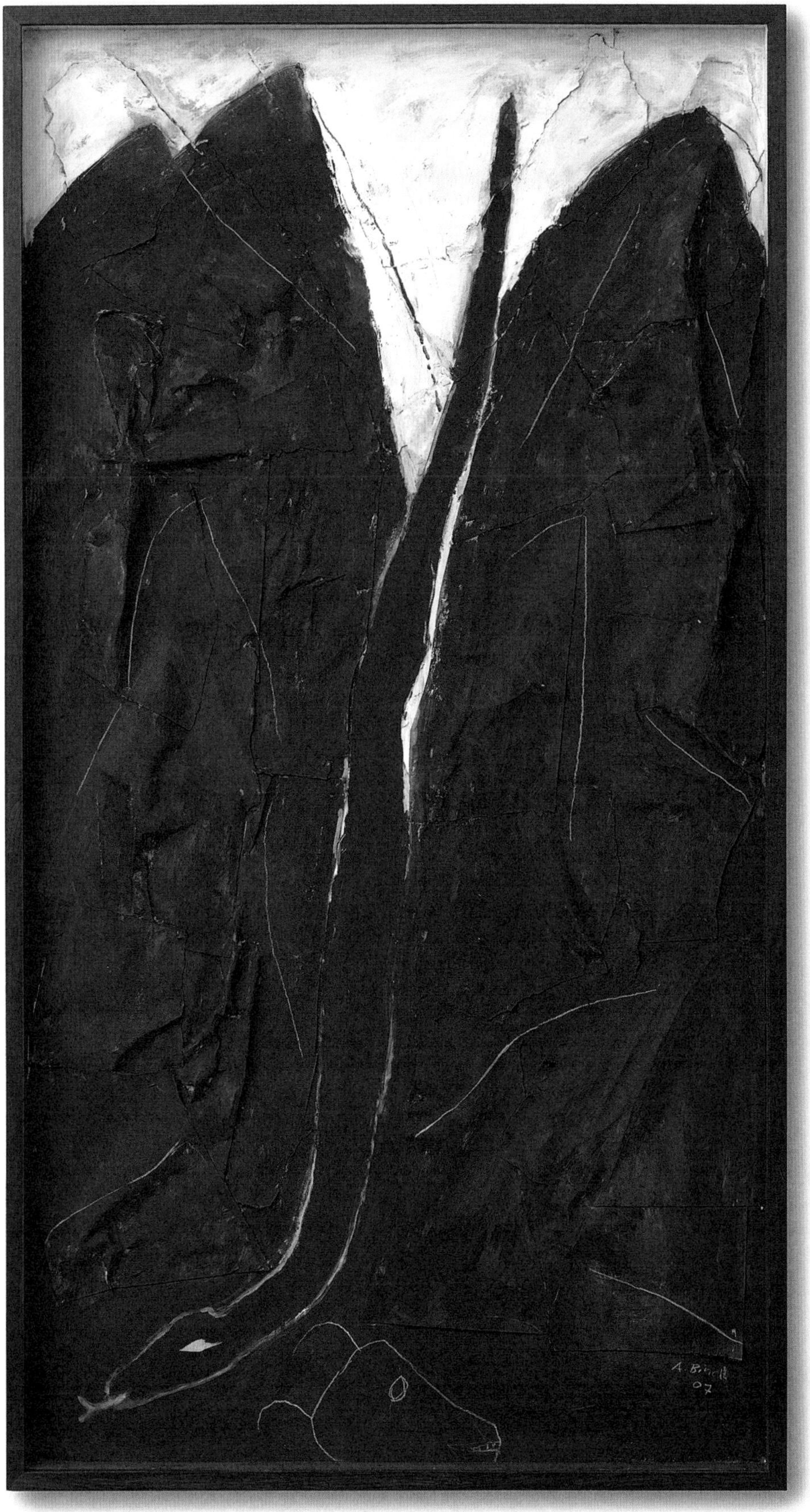

Berge mit Schlange / 2007 / Bildobjekt / 194 × 104 cm

Ohne Titel (Berge, zwei Vögel) / 13. 8. 2007 / Gouache, Kohle / 42 × 59 cm

Ohne Titel (Schiff vor Berg) / 11. 4. 2006 / Kohle, Kreide / 42 × 59 cm

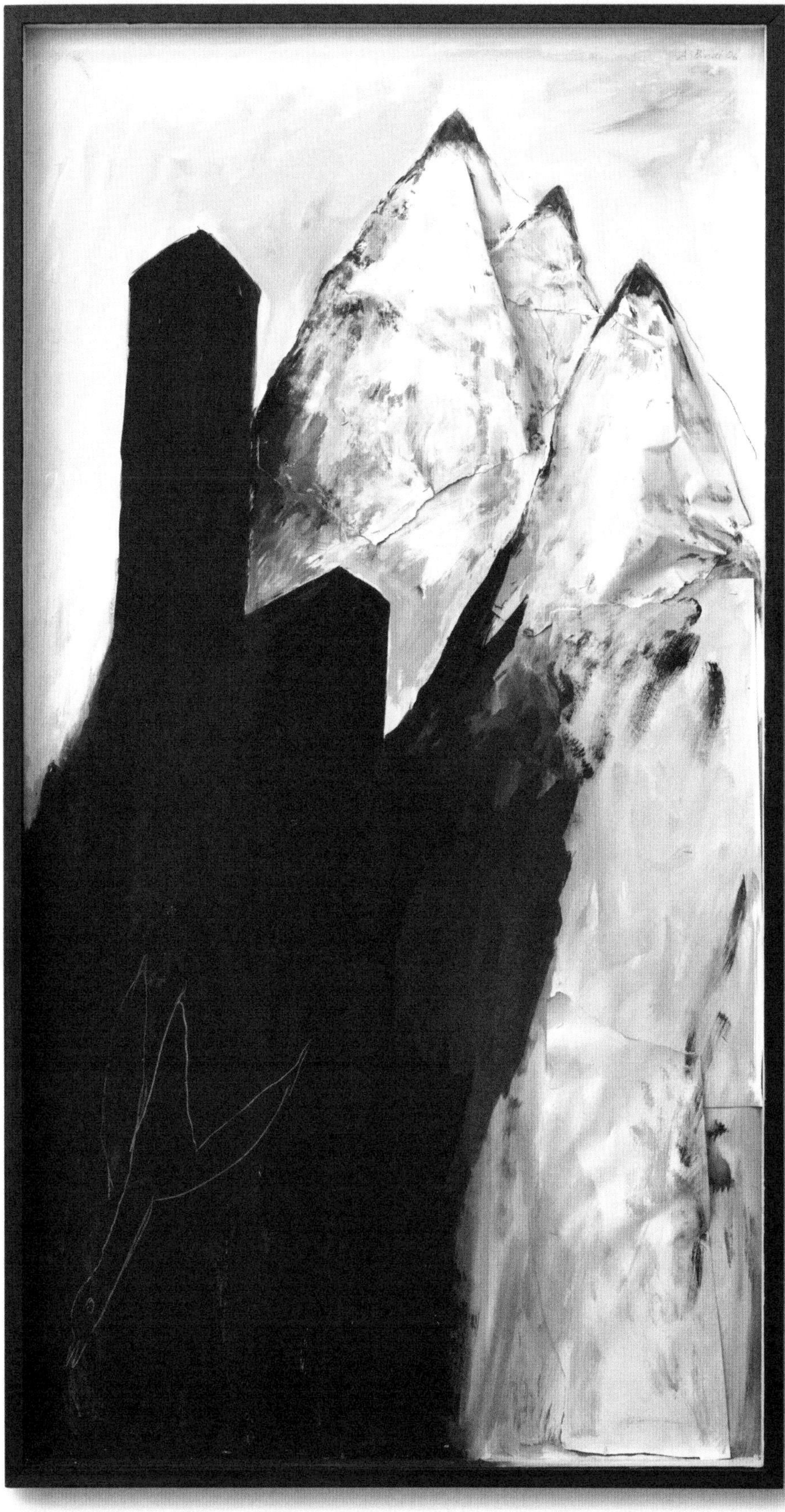

Stürzender Vogel / 2006 / Bildobjekt / 194 × 104 cm

Ohne Titel (Berge, kleines Schiff) / 12. 8. 2007 /
Gouache, Kohle, Kreide / 42 × 59 cm

Fisch / 2007 / Alublech, Farbe / 20 × 317 × 45 cm

Ohne Titel (Kleine Berge mit Tor und Schlange) / 17. 5. 2008 / Gouache, Kohle / 59 × 42 cm

Ohne Titel (Zwei Vögel) / 10. 3. 2008 / Gouache, Schablone / 59 × 42 cm

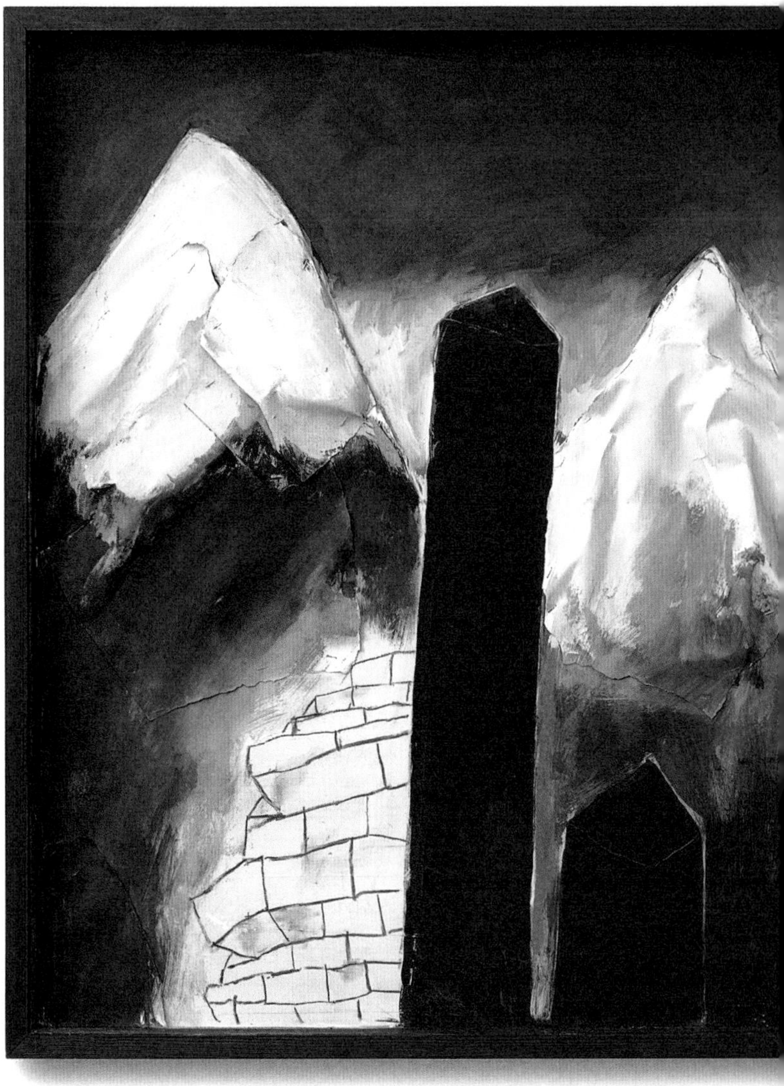

Berge und Türme / 2006 / Bildobjekt / 104 × 194 cm

Ohne Titel (Südliche Gewächse, Berge) / 12. 5. 2008 / Kohle / 42 × 59 cm

Ohne Titel (Drei Türme, Boot) / 13. 8. 2005 /
Kohle, Kreide, Sprühfarbe / 59 × 42 cm

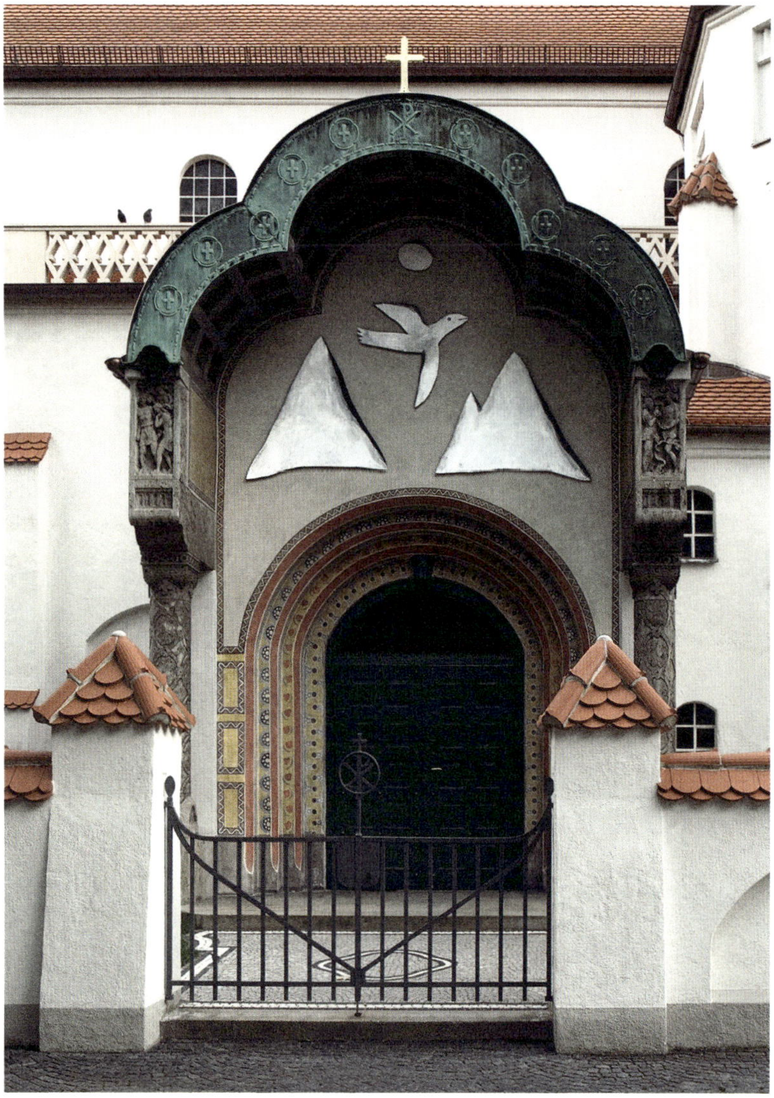

Andreas Bindl

1928 geboren in Grünthal bei Rosenheim
1943–1946 Schreinerlehre
1948–1954 Studium der Bildhauerei an der Akademie der Bildenden Künste, München
1950 Meisterschüler bei Josef Henselmann
1978 Förderpreis für Bildhauerei der Landeshauptstadt München
1980 Fördergabe der Bayerischen Akademie der Schönen Künste
Seerosenpreis der Landeshauptstadt München
1980–1989 Lehrauftrag an der Akademie der Bildenden Künste, München
1985 Preis des Kunstvereins Rosenheim
1986 Villa-Romana-Preis, Florenz
1988 Wahl zum ordentlichen Mitglied der Bayerischen Akademie der Schönen Künste
2002 Egmont-Schäfer-Preis für Zeichnung, Berlin

Andreas Bindl lebt und arbeitet in Faistenhaar bei München. Er ist Mitglied des Deutschen Künstlerbundes und der Künstlervereinigung ‚Neue Gruppe', München.

Bis 2008 zahlreiche Einzelausstellungen sowie Teilnahme an Gruppenausstellungen im In- und Ausland. Mehrere monografische Katalogveröffentlichungen, darunter ‚Andreas Bindl: Arbeiten aus fünf Jahrzehnten', Augsburg 1999, und ‚Andreas Bindl: Figur – Natur', Dortmund 2002.

Eine bis 2002 ausführliche Bibliografie zum Werk enthält das Buch ‚Andreas Bindl: Aktzeichnungen', Wolnzach 2004.

Arbeiten im öffentlichen Raum (Auswahl)

1956 Pietà für die Kirche Maria Himmelfahrt, Memmingen
1958 Altarkreuz für die Pfarrkirche in Neugablonz
1960 Madonna für die Pfarrkirche in Göggingen
1963 Zwei liegende Kühe für eine Wohnsiedlung in Kaufbeuren
Fliesenmosaik für eine Straßenbahnunterführung am Oberhofer Platz in München
1966 Mensa, Ambo, Altarkreuz und Tabernakel für die Kirche St. Michael in Kempten
1967 Gitter für die Pfarrkirche in Pfraundorf
Mensa und Ambo für die Pfarrkirche in Hohenlinden
1978 Bodenplastik für die Universität München
Wandgestaltung für die Universität Passau
1984 Wandrelief für die Universität Augsburg
1986 Stabhochspringer an der Sporthalle in Eching
1992 Brunnen für die Gemeinde Dietersheim
Freiplastik ‚Ruderer' am Rottachspeichersee bei Kempten
1996 Vier Holzschnitte (‚Evangelisten') für die Segenskirche in Aschheim bei München
2008 Tympanon über dem Südportal der Erlöserkirche in München-Schwabing

Linke Seite:
Das jüngste Werk von Andreas Bindl im öffentlichen Raum ist seine plastische Arbeit im Bogenfeld über dem Südportal der Erlöserkirche in München-Schwabing. Die von Theodor Fischer entworfene, 1901 vollendete Kirche steht als ein bedeutendes Zeugnis des deutschen Sakralbaus im Aufbruch zur Moderne unter Denkmalschutz.

Das Erscheinen dieses Katalogs wurde durch Zuschüsse
der Bayerischen Akademie der Schönen Künste
sowie der Städtischen Galerie Rosenheim gefördert.

Katalog 124 der DG
erscheint zur Ausstellung ‚Metaphysik der Landschaft'
in der Galerie der
DG Deutsche Gesellschaft für christliche Kunst
19. September bis 31. Oktober 2008

Herausgeber: Wolfgang Jean Stock
Gestaltung: Atelier Bernd Kuchenbeiser, München
Lektorat: Dagmar Zacher, Haar
Fotos: Richard Beer, München, alle Abbildungen außer:
Andreas Bindl, Faistenhaar 4, 7, 11, 17, 29, 35
Renate Rauwolf, München, Abbildungen zum Essay
Lithografie: Serum Network, München
Druck: Graphische Betriebe Eberl, Immenstadt
Bindung: Buchbinderei Josef Spinner, Ottersweier

1. Auflage 2008

© DG Deutsche Gesellschaft für christliche Kunst e.V.
© der abgebildeten Werke beim Künstler,
der Fotos bei den Fotografen, der Texte bei den Autoren
© VG Bild-Kunst, Bonn 2008, für die Werke von Andreas Bindl

ISBN 978-3-932322-27-3

DG Deutsche Gesellschaft für christliche Kunst e.V.
Wittelsbacherplatz 2, Eingang Finkenstraße
80333 München, Deutschland
Telefon +49 (0) 89 28 25 48, Fax +49 (0) 89 28 86 45
dgfck@t-online.de, www.dgfck.de

Geschäftsführung: Wolfgang Jean Stock
Assistenz: Manuela Baur
Technik: Heinrich Diepold, Walter Schreiber